Hajo Brandenburg

Die Geschichte der Feuerwehr

Fotografien aus zwei Jahrhunderten

SUTTON

Das Feuerwehrmuseum Schleswig-Holstein

Seit 2005 leitet der Historiker und Museumsfachmann Dr. Hajo Brandenburg das Feuerwehrmuseum Schleswig-Holstein in Norderstedt bei Hamburg, das mit 2.100 Quadratmetern Ausstellungsfläche zu den größten seiner Art in Deutschland zählt. Feuer ist das Thema dieses Museums – aber nicht nur auf die Feuerwehr bezogen. In wechselnden Veranstaltungen und Ausstellungen präsentiert das Feuerwehrmuseum Schleswig-Holstein Künstler, Musik, Literatur und Filme. In der großen Schausammlung wird die Feuerbekämpfung vom ledernen Löscheimer über Handdruckspritzen bis zum modernen Löschfahrzeug gezeigt. So ist dort beispielsweise die älteste erhaltene Dampfspritze aus deutscher Produktion von 1869 zu sehen. Die zahlreichen Highlights der Schausammlung machen den Rundgang nicht nur für erwachsene Museumsbesucher sehenswert. Besondere Führungen werden für Vor- und Grundschulklassen angeboten, und als Höhepunkt dieser Veranstaltung wird ein „brennender Baum" mit einer Eimerkette und Handdruckspritze gelöscht. Für Kinder sind außerdem eine Spielecke im Museum mit einem funktionsfähigen Feuerwehrfahrzeug sowie ein Feuerwehrspielplatz mit vielen Attraktionen vorhanden.

Feuerwehrmuseum Schleswig-Holstein
Friedrichsgaber Weg 290, 22846 Norderstedt
www.feuerwehrmuseum-sh.de

Danksagung

Bei Herrn Manfred Gihl, Branddirektor a.D., möchte ich mich für die Durchsicht des Typoskripts und seine kritischen Anregungen herzlich bedanken.

2., durchgesehene Auflage 2011

Bildauswahl, Gestaltung und Texte:

Druck: Florjančič Tisk d.o.o. / Slowenien

ISBN 978-3-86680-450-0

vorderes Umschlagbild: Freiwillige der Feuerwehr aus dem österreichischen Steyr 1914 bei einer Übung mit der neuesten Dampfspritze.
hintere Umschlagbilder: Die Feuerwehr des Sinziger Stadtteils Westum, abgebildet 1936 an ihrem Übungsturm (oben). Leichtes Löschgruppenfahrzeug (LLG) der Marke Mercedes der Freiwilligen Feuerwehr Wentorf bei Hamburg. Das Foto stammt von 1966 (Mitte). 1904 erhielt die Freiwillige Feuerwehr Döbeln einen neu erbauten Steigerturm von der Stadtbehörde. Dort fanden regelmäßig Technikschauen und Vorführungen statt, wie hier 1954 (unten).
Bild S. 2: Festumzug der Freiwilligen Feuerwehr Heppenheim zu ihrem 75. Jubiläum im Jahre 1957.

Inhalt

Einleitung 7

Die Gründung der Feuerwehren auf dem Land und in den Städten 13

Die Ausrüstung der Feuerwehrleute 37

Alltag bei der Feuerwehr 69

Großbrände und Katastrophen 103

Ausgewählte Literatur 123

Abbildungsnachweis 124

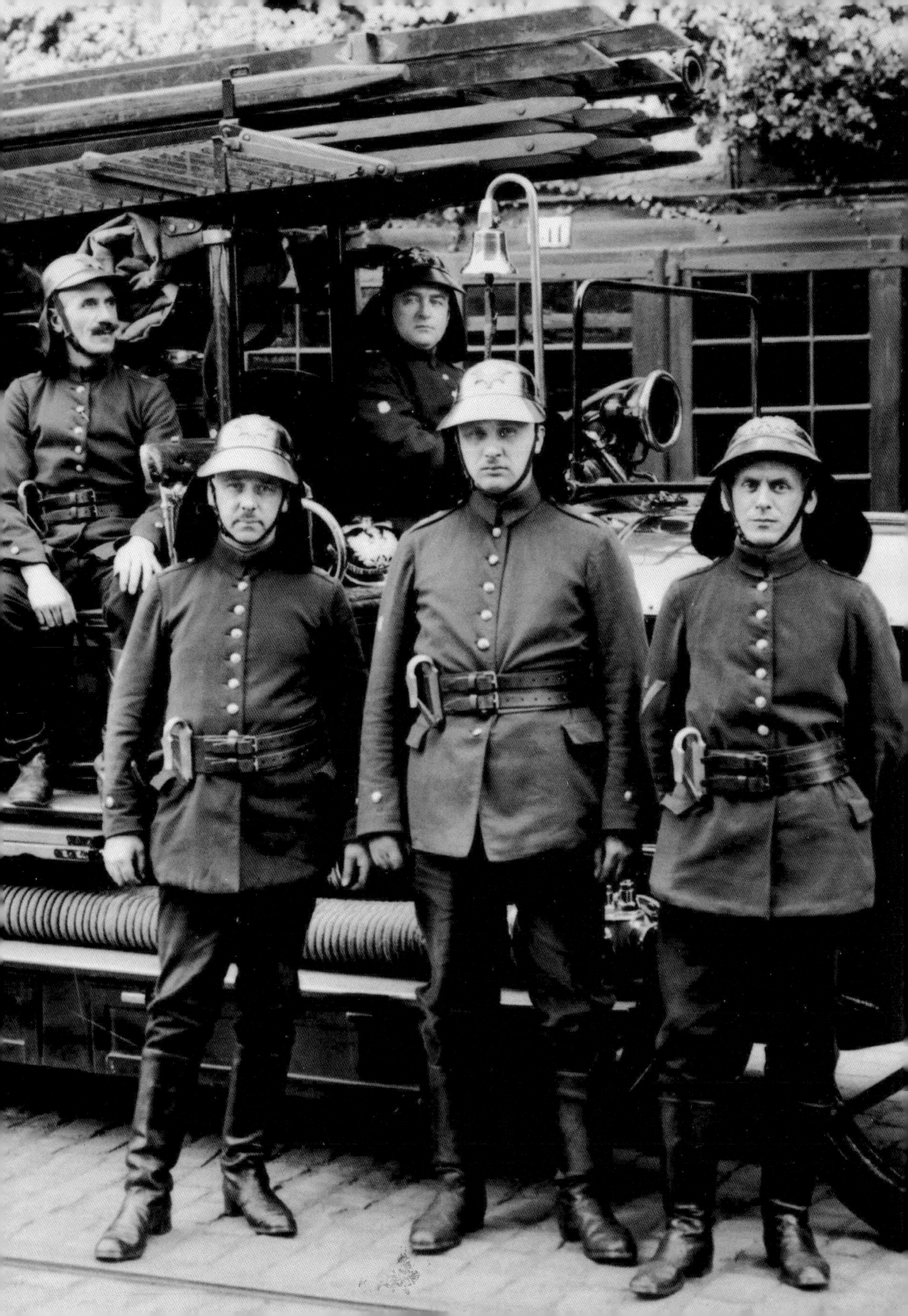

Einleitung

Unter allen Lebewesen auf diesem Planeten ist nur der Mensch in der Lage, das Feuer zu beherrschen. Tatsächlich ist ohne die Kenntnis der vielfältigen Eigenschaften des Feuers und deren konsequente Nutzung die Entwicklung der menschlichen Kultur undenkbar. Jahrtausende bevor dem Hund der Titel des „treuesten Gefährten" des Menschen zukam, war das Feuer bereits ein fester Bestandteil frühmenschlichen Lebens. Das Feuer ermöglichte dem Menschen, in kühlere Breiten vorzustoßen, seine Ernährung zu verbessern, mit Fackeln auf Treibjagd zu gehen und sich nachts vor Raubtieren zu schützen.

Die ältesten europäischen Fundstellen mit Feuerspuren datieren zwischen 600.000 und 400.000 v. Chr. in die Zeit des Homo erectus. Das älteste europäische Schwefelkiesfeuerzeug, das vom Homo sapiens verwendet wurde, stammt aus der Vogelherdhöhle in Baden-Württemberg und ist rund 34.000 Jahre alt. Ohne die Beherrschung des Feuers hätte der Mensch keine Keramik, Glaswaren und Metalle herstellen können. Unser heutiger Verkehr zu Lande, zu Wasser und in der Luft wäre ohne den kontrollierten Verbrennungsprozess im Explosionsmotor undenkbar.

Obgleich Licht und Wärme zu den angenehmen Eigenschaften des Feuers zählen, darf nicht vergessen werden, dass Wärme in Form von großer Hitze auch zerstörerisch wirkt. Von allen Gefahren, die menschliche Siedlungen bedrohten, wurden das außer Kontrolle geratene Feuer und die damit einhergehenden Verheerungen als Strafe Gottes besonders gefürchtet.

In der Neuzeit führten immer wieder große Stadtbrände wie der von 1677 in Rostock oder der von 1842 in Hamburg zu immensen Zerstörungen. Brand-

links: Feuerwehrleute aus Wuppertal-Elberfeld.

stiftern drohten schreckliche Strafen: Sie wurden in ein umgestülptes Fass gesteckt, unter dem man Feuer anzündete. In ihrer Hilflosigkeit setzten die Menschen dem Schadenfeuer Zauber und Beschwörungen heidnischer wie christlicher Herkunft entgegen. Sie versprühten geweihtes Wasser oder erflehten den Beistand des Feuerheiligen St. Florian (z.B. mit einer Florianschale oder einem Schauernkreuz). Erst im 19. Jahrhundert gerieten diese Bräuche immer mehr in Vergessenheit, weil die Menschen gelernt hatten, bessere Geräte zur erfolgreichen Brandbekämpfung zu bauen.

Die Löschmannschaften bestanden in der Regel aus Maurern, Malern, Zimmerleuten und Schiffbauern, also Handwerkern, die mit Leitern umgehen konnten. Die Brandaufsicht übernahmen in den Städten die Ratsherren, später die dazu bestellten Spritzenmeister. In Hamburg gab es beispielsweise seit 1728 die „Feuerlöschanstalten", die von der Feuerkasse und der Bürgerwehr beaufsichtigt wurden und unter den Zeitgenossen als vorbildlich galten. Ihre technische Ausrüstung bestand anfangs aus 25 Handdruck- und zwei Schiffsspritzen. Die Löschmannschaften, die „Wittkittel" – benannt nach ihrem weißen Leinenkittel –, wurden von der Feuerkasse bezahlt. An der Spitze der Feuerlöschanstalten standen zwei Stadtspritzenmeister. Auf dem Land übten die Brandaufseher eines jeden Dorfes die Brandstellenleitung aus, sie überprüften auch die Einhaltung der Brandschutzbestimmungen.

Die ersten Turnerwehren, aus denen sich die Freiwilligen Feuerwehren entwickelten, lehnten Uniformen ab. Sie trugen als Kopfschutz einen Helm, außerdem Turnerblusen oder Arbeitskleidung. Erst mit der Gründung des Deutschen Reiches 1871 wurde die Uniformierung für sämtliche Feuerwehren selbstverständlich.

Aus dem Zusammenschluss der einzelnen Feuerwehren entstanden die Feuerwehrverbände. Ziel war es, die anstehenden Probleme im Bereich des Feuerwehrwesens durch eine Interessenvertretung und regelmäßigen Erfahrungsaustausch zu lösen. Auf Initiative von Conrad Dietrich Magirus wurde am 10. Juli 1853 in Plochingen, 20 Kilometer südöstlich von Stuttgart gelegen, der Deutsche Feuerwehrverband (DFV) als Fachverband der deutschen Feuerwehren gegründet. Der Deutsche Feuerwehrverband gehört damit zu den ältesten überterritorialen Organisationen in Deutschland.

Um die Mitte des 19. Jahrhunderts wurden die ersten Freiwilligen Feuerwehren in Österreich gegründet. Berufsfeuerwehren gab es bereits seit 1686 in Wien und seit 1853 in Graz. Ein österreichischer Vertreter nahm an den beiden deutschen Feuerwehrtagen 1865 in Leipzig und 1868 in Braunschweig als Beobachter teil. 1870 fand der achte Deutsche Feuerwehrtag im österreichischen Linz statt, wodurch das Feuerwehrwesen in Österreich einen gewaltigen Aufschwung erhielt. Zwischen 1869 und 1883 kam es zur Gründung von Landesfeuerwehrverbänden in Österreich.

Die technische Entwicklung im 19. und 20. Jahrhundert umfasste alle Bereiche des Brandschutz- und Feuerlöschwesens. Sie blieb dabei nicht bei den zum Lösch- und Rettungseinsatz nötigen Geräten stehen. Im Bereich der Wasserversorgung änderten sich die Bedingungen durch moderne Rohrleitungsnetze, die ab der zweiten Hälfte des 19. Jahrhunderts gebaut wurden. Der Bereich der Alarmierung wurde durch elektro-mechanische Feuermelder und die dazugehörigen Brandmeldezentralen revolutioniert; gleichzeitig schaffte man den Nachtwächter als „lebenden Feuermelder" ab. Die neuen Feuermelder verringerten die Alarmzeiten und der Brandort konnte schneller festgestellt werden. Die durchdachte Bauweise neuer Feuerwachen nahm Rücksicht auf die technische Ausrüstung der Feuerwehr, auf den Dienstplan und die Feuerwehrleute. Schon in der Wache begann der überlegte, schnelle Löscheinsatz.

Seit etwa 1850 wird die Leistung der Feuerwehrgeräte durch den Einsatz von immer mehr Technik fortlaufend gesteigert. So wurden Holz durch Stahl sowie Muskelkraft von Mensch und Tier durch Maschinenkraft ersetzt. Ferner konnten die Löschmittel und der Atemschutz verbessert werden sowie die Wasserversorgung und Brandmeldung auf neue Grundlagen gestellt werden. Im Regelfall besteht heute ein Zugverband aus einem mit sechs Einsatzkräften besetzten Tanklöschfahrzeug (TLF) und aus einem mit neun Feuerwehrleuten besetzten Löschgruppenfahrzeug (LF) sowie einer Drehleiter (DL). Bei Bedarf kann der Zugverband mit weiteren Fahrzeugen wie Rüstwagen (RW), Schaumtankfahrzeug (STF) oder Schlauchwagen (SW) verstärkt werden. Bei allem Erfindungsgeist und der berechtigten Freude an gelungenen technischen Lösungen sind die Feuerwehrleute unersetzbar. Ohne ihre permanente Einsatzbereitschaft und ihren Einsatzwillen ist die beste Feuerwehrgerätetechnik nutzlos.

Während des „Dritten Reiches" wurden die Feuerwehren nach dem Führerprinzip in den nationalsozialistischen Machtapparat eingegliedert und gleichgeschaltet. In Preußen wurden am 1. Januar 1934 die Freiwilligen Feuerwehren und die Berufsfeuerwehren in die Polizeiorganisation integriert. Ende 1938 wurde dann eine einheitliche Regelung für das gesamte Deutsche Reich erlassen. Die Berufsfeuerwehren wurden als „Feuerschutzpolizei" und die Freiwillige Feuerwehr sowie die Werkfeuerwehren als „Hilfspolizeitruppe" in die Ordnungspolizei eingegliedert. Die Organisation des Feuerlöschwesens oblag jetzt dem Reichsinnenministerium und nicht mehr den Kommunen. Die bisherigen Dienstgrade wurden durch polizeiliche ersetzt.

In den Feuerwehren waren Menschen unterschiedlichster sozialer Herkunft und politischer Gesinnung tätig. Unter den Feuerwehrleuten gab es begeisterte Anhänger und Mitläufer, aber auch solche, welche die nationalsozialistische Politik stillschweigend ablehnten. Während der „Reichskristallnacht" vom 9. auf den 10. November 1938 verweigerten die Feuerwehren erstmals in ihrer Geschichte einer Gruppe von Bürgern die Nächstenhilfe. Die Feuerwehren standen untätig neben den brennenden Synagogen und folgten damit dem Löschverbot der Parteischergen.

Am Ende des Zweiten Weltkriegs waren zahlreiche Städte durch alliierte Bombenangriffe zerstört, viele Feuerwehrleute gefallen, der Großteil der Einsatzfahrzeuge vernichtet und viele Feuerwachen beschädigt.

Die vordringlichste Aufgabe der Wehren in der Nachkriegszeit war der Wiederaufbau einer funktionsfähigen Feuerwehr in technischer und organisatorischer Hinsicht. Die Feuerwehren in den drei westlichen Besatzungszonen wurden in ihrer ursprünglichen Form reorganisiert. So erfolgte die Neugründung des Deutschen Feuerwehrverbandes am 12. Januar 1952 in Fulda. Erst 1990 auf dem 26. Feuerwehrtag in Friedrichshafen konnten wieder Feuerwehrleute aus ganz Deutschland in Freiheit zusammentreffen.

Die Entwicklung der Feuerwehrfahrzeuge verlief in der Deutschen Demokratischen Republik (DDR) unter gänzlich anderen Vorgaben und schwierigeren Bedingungen als in der Bundesrepublik Deutschland. Alle Automobilwerke und Zuliefererbetriebe wurden verstaatlicht und ab 1946 in volkseigene Betriebe (VEB) umgewandelt, die dann im „Industrieverband Fahrzeugbau" (IFA) zwangsweise zusammengeschlossen wurden. Fahrgestelle, Transporter und Pkw für Feuerwehrzwecke, genormt nach dem Vorschriftenwerk „Technische Güte- und Lieferbedingungen" (TGL), lieferten sechs Werke in der DDR. Die Feuerwehren wurden straff und zentral von der „Hauptabteilung Feuerwehr" im Innenministerium der DDR geführt. Die Entwicklung der Feuerwehrfahrzeuge oblag einer Planungsgruppe im Innenministerium der DDR, das auch für Auftragsvergaben und Verteilung die alleinige Zuständigkeit besaß.

Bei der Zuteilung an die Kommandos der Feuerwehr - die ehemaligen Berufsfeuerwehren - in den Städten gab es von Bezirk zu Bezirk große Unterschiede. Die Freiwilligen Feuerwehren waren sehr häufig mit technischem Gerät unterversorgt. Im Vergleich zu den westdeutschen Feuerwehren gab es nur eine sehr geringe Typenvielfalt an Fahrzeugen. Die Einfachheit der Konstruktion und Bauweise beispielsweise der Löschfahrzeuge bedeutete jedoch nicht, dass diese nicht hinreichend leistungsfähig gewesen wären und den gestellten Anforderungen nicht genügt hätten. Erst nach der Wiedervereinigung begannen die ostdeutschen Wehren die Lücken in ihrem Fahrzeugbestand insbesondere bei Sonderfahrzeugen zu schließen.

Heute gibt es in Deutschland sehr viele Freiwillige Feuerwehren mit ehrenamtlich tätigen Kräften, ferner Berufsfeuerwehren - besonders in den Großstädten - mit hauptamtlichen Mitarbeitern sowie Werk- und Betriebsfeuerwehren, die in der Regel für Gewerbe- und Industrieeinrichtungen zuständig sind. Für militärische Einrichtungen wie beispielsweise Fliegerhorste der Bundeswehr stehen Militärfeuerwehren zur Verfügung.

Die vier Begriffe des Mottos „Retten - Löschen - Bergen - Schützen" beschreiben treffend die Aufgabenfelder der Feuerwehr: „Retten" von Menschen und Tieren aus Lebensgefahr, bei Bränden, nach Verkehrsunfällen, aus Höhen und Tiefen oder aus Wassergefahren, „Löschen" von Bränden in Wohnungen, Gebäuden, Industrieanlagen oder in Wald und Flur, „Bergen" von Sachwerten, beispielsweise nach Naturkatastrophen oder bei Bränden in kulturhistorisch bedeutsamen Einrichtungen wie Museen, und „Schützen" immer dann, wenn Bürger den Schutz von sachkundigen Spezialisten der Feuerwehr benötigen. Der Rettungs- und Sanitätsdienst gehört bei deutschen Feuerwehren nicht zu den Standardaufgaben. Nur einige der Berufsfeuerwehren nehmen traditionell diese Aufgabe wahr.

Über 1,3 Millionen Mitglieder zählen heute die Feuerwehren in Deutschland und bilden somit bundesweit die größte Gefahrenabwehrorganisation. In mehr als 3,5 Millionen Einsätzen pro Jahr setzen sich die Frauen und Männer in den Freiwilligen Feuerwehren, Berufsfeuerwehren, Werk- und Betriebsfeuerwehren für die Sicherheit der Bürger ein - Tag und Nacht.

Die Kapitel in diesem Buch beschäftigen sich mit der Gründung der Feuerwehren auf dem Land und in den Städten, der Entwicklung der Ausrüstung, dem Alltag der Feuerwehrleute sowie mit Großbränden und Katastrophen. Zahlreiche Bilder aus den unterschiedlichen Regionen Deutschlands und Österreichs zeigen anschaulich, wie stark sich die Feuerwehr im Zeitraum 1860 bis 2000 verändert hat.

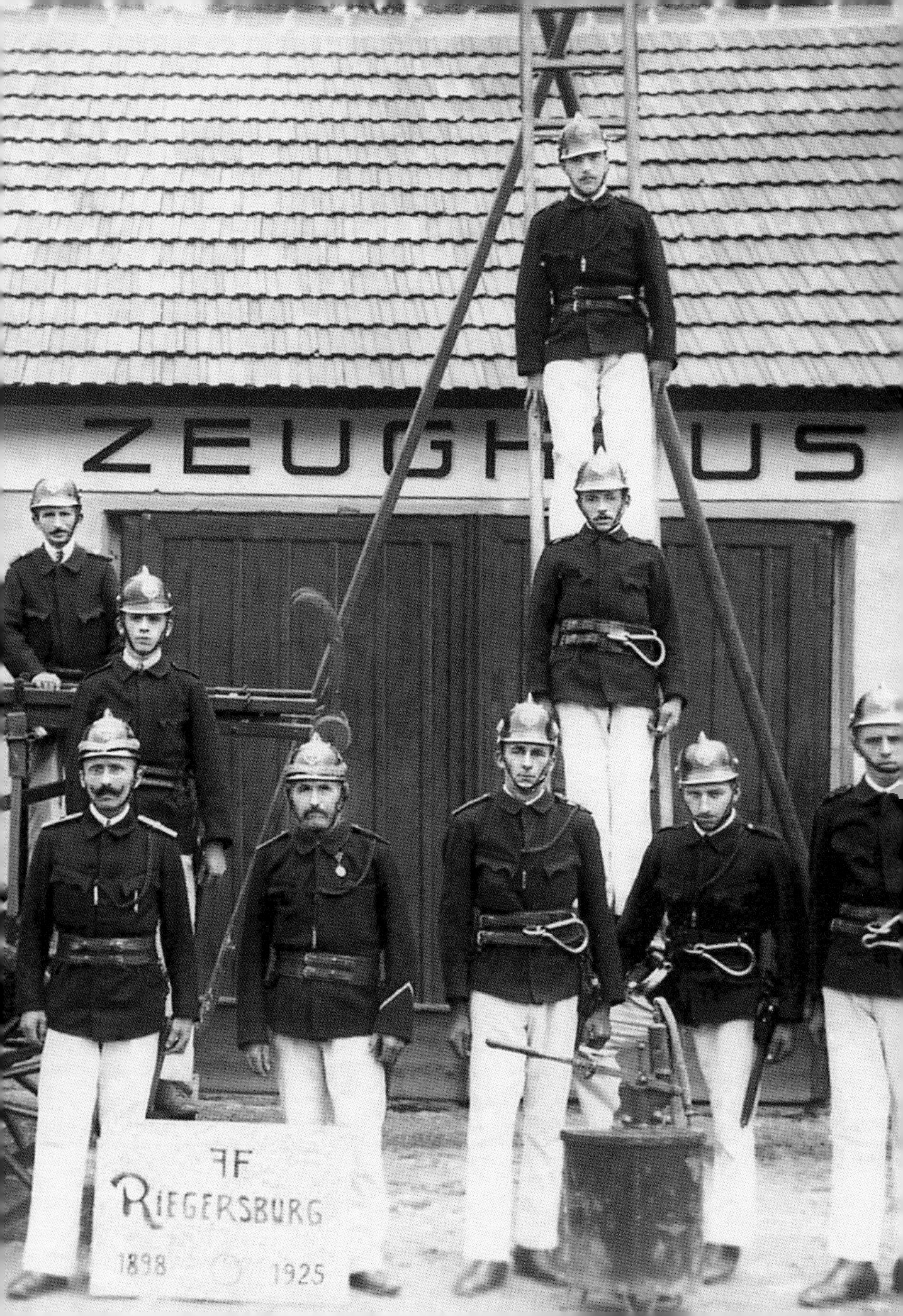
ZEUGH US
FF
RIEGERSBURG
1898
1925

Die Gründung der Feuerwehren auf dem Land und in den Städten

Mit dem Aufstieg der Städte im Spätmittelalter und der Zunahme ihrer wirtschaftlichen Bedeutung war eine Verbesserung des Brandschutzes notwendig. Der Rat, das oberste Gremium einer jeden Stadtverwaltung, erließ Feuerordnungen, in denen genau beschrieben war, wie ein Feuer durch vorbeugenden Brandschutz verhindert werden konnte und wie die Feuerlöschorganisation aufgebaut war. Im Laufe der Zeit wurden die Feuerordnungen immer detaillierter und umfangreicher. In ihnen stand, welche Berufszweige spezielle Aufgaben beim Löschen übernehmen mussten, sie regelten den Nachtwächter- und Türmerdienst, schrieben Wasservorhaltung und Brunnenpflege vor, verlangten von den Bürgern, Löschgeräte anzuschaffen und setzten Visitatoren ein, welche den Zustand der Löschgeräte und der Brunnen regelmäßig kontrollierten. Die Feuerordnungen prägten rund 650 Jahre lang das Bild der Brandschutzorganisation.

Seit dem 18. Jahrhundert wuchs die Landbevölkerung in Deutschland stark an – hervorgerufen beispielsweise durch Verbesserungen in der Landwirtschaft sowie Fortschritte beim Gesundheitswesen und der Hygiene. Viele Menschen, die sich auf dem Land nicht mehr ernähren konnten, zogen in die Städte, um dort Arbeit zu finden. Die Industrialisierung im 19. Jahrhundert beschleunigte das Anwachsen der Städte, die Brandgefahren nahmen zu. Hierzu zählen die baulich kaum kontrollierten Armensiedlungen an den Stadträndern, der Einsatz neuer Techniken wie beispielsweise Dampfma-

links: 1925 feierte die Freiwillige Feuerwehr im österreichischen Riegersburg ein Jubiläum.

schinen, große Hochöfen, Spinn- und Webmaschinen. Die alten Feuerordnungen reichten für die neuen Anforderungen an den Brandschutz nicht mehr aus. Die über die Feuerordnungen angesprochene Stadtbewohnerschaft der Handwerker und Großbürger, welche die Löschmannschaften stellten, konnte aufgrund ihrer geringen Mannschaftsstärke kaum noch Brände erfolgreich löschen. Die vielen Arbeiter in den Städten, die wirtschaftlich und politisch oft unbeteiligt am Gemeinwesen blieben, hatten kein größeres Interesse, sich am Löschwesen zu beteiligen. Die Polizeiverordnungen zum Feuerlöschdienst zwangen zwar auch die Arbeiterschaft in die neuen Pflichtfeuerwehren, jedoch waren die Erfolge dieser Wehren häufig sehr gering. Mitunter versuchten die Gemeinden, durch Prämien und Aufwandsentschädigungen Anreize zum besseren Feuerlöschdienst zu geben. Die Geräte waren oft ungepflegt und Löschübungen fanden kaum statt. Aus Kostengründen wurde meist auf eine fest besoldete Löschmannschaft verzichtet. Angebote freiwilligen Einsatzes beäugte die Obrigkeit argwöhnisch, denn eigenverantwortliche Bürger brachten auch einen Machtverlust für die Verwaltung mit sich.

Die Turnerbewegung, die im Turnen nicht nur eine nationale, sondern auch eine sittliche Aufgabe sah, unterstützte den Einsatz körperlich trainierter Turner für eine Gemeinschaftsaufgabe wie das Feuerlöschen. Aus dem Engagement der Turner für dieses wichtige allgemeine Anliegen entstand in den Jahren von etwa 1841 bis 1848 das, was wir heute die Freiwillige Feuerwehr nennen. Die erste Turnerfeuerwehr wurde 1841 in Meißen gegründet; bald folgten weitere in Durlach, Heilbronn, Reutlingen und in Ulm. Organisiert waren die Turnerfeuerwehren durchweg als Vereine. Ihre Mitglieder waren freiwillig eingetreten und konnten freiwillig den Verein verlassen. Ihre Vorsitzenden und Kommandanten wurden demokratisch bestimmt. Satzung und Instruktion regelten Vereinsleben und Einsatz. Die ersten Freiwilligen Feuerwehren waren in der Brandbekämpfung sehr erfolgreich, sodass ihr Beispiel rasch Schule machte. Unterstützung fanden sie bei den bekannten Feuerwehrgeräteherstellern Metz aus Heidelberg und Magirus aus Ulm.

Nach dem ersten deutschen Turnfest 1860 setzte eine wahre Gründungswelle ein. Überall in Deutschland entstanden jetzt Freiwillige Feuerwehren, getragen von Einsatzwillen, Einsatzbereitschaft und Einsatzfähigkeit. Die Obrigkeit, die nunmehr vom Nutzen der neuen Wehren überzeugt war, legte der Gründung der Wehren keine Steine mehr in den Weg. Schon in den 1850er-Jahren entstanden mit den ersten Landesverbänden und dem Verein der deutschen Feuerwehrmänner überregionale Zusammenschlüsse, die direkte Ansprechpartner für Regierungen, Behörden und Feuerwehrmitglieder waren. Noch um 1870 überwogen zahlenmäßig die alten Pflichtfeuerwehren, häufig bestanden beide nebeneinander. Der Gedanke der Freiwilligkeit setzte sich langsam, aber stetig durch, zumal die Freiwilligen Feuerwehren erheblich besser und günstiger arbeiteten als die Pflichtfeuerwehren. Die neu gegründeten Freiwilligen Feuerwehren bildeten somit einen erfolgreichen organisatorischen Ersatz für das aus den Fugen geratene spätmittelalterliche Feuerlöschwesen.

In den deutschen Großstädten wie Berlin und Hamburg wurde ein anderer Weg eingeschlagen. Die Größe dieser Städte und die vielfältigen Probleme dort erforderten fest angestellte Löschmannschaften. Anlass für die Gründung der ersten Berufsfeuerwehr im Jahr 1851 in Berlin war der nicht gelöschte Brand des „Krollschen Etablissements", eines großen Gaststättenkomplexes in der Nähe des Brandenburger Tors. In verschiedenen Feuerwachen, verteilt über die Stadt, standen Löschgeräte bereit. Ein Organisationsplan regelte den Einsatz der Kräfte und sorgte für die Einsatzbereitschaft rund um die Uhr.

Die Mitglieder der Berliner Berufsfeuerwehr absolvierten häufig Übungseinsätze. Ihre Uniformen dienten der leichteren Erkennbarkeit, nach innen sollte sie das Gemeinschaftsgefühl stärken. Als neue Technik für die interne Brandmeldung wurde die Telegrafenanlage der Polizei genutzt. Damit weist die Berliner Feuerwehr bereits die wichtigsten Merkmale der Berufsfeuerwehr auf: hoher Organisationsgrad, viele einsatzbereite und gut geschulte Feuerwehrleute sowie der Einsatz neuester Technik im Feuerlöscheinsatz. Dem Berliner Vorbild folgten im vorigen Jahrhundert die meisten deutschen Großstädte. Zu nennen sind hier beispielsweise Breslau 1859, Leipzig 1865, Dresden 1868, Bremen 1870, Hamburg, Köln und Düsseldorf 1872 sowie Frankfurt am Main 1874.

Die seit der Mitte des 19. Jahrhunderts entstandenen Freiwilligen Feuerwehren, Berufsfeuerwehren und Werkfeuerwehren großer Industriebetriebe bestimmen bis heute die Organisation des Feuerlöschwesens in Deutschland. Auf den Fotos in diesem Kapitel sind insbesondere Feuerwehrmannschaften aus den verschiedenen Regionen Deutschlands sowie besondere Feuerwehrjubiläen und -feiern zu sehen.

Die Wassermannschaft der Freiwilligen Feuerwehr Cottbus, hier auf einem Bild um 1881, war aus dem 1861 gegründeten Turnverein hervorgegangen.

Im Jahr 1878 wurde die Freiwillige Feuerwehr der österreichischen Stadt Tulln ins Leben gerufen.

Die Freiwillige Feuerwehr Sömmerda war 1869 aus der „Turner-Wehr" hervorgegangen. Hier sind die Feuerwehrleute aus der thüringischen Kleinstadt um 1910 im „Bürgergarten" zu sehen.

1857 ist aus dem Obersteiner Turnverein die Freiwillige Turner-Feuerwehr hervorgegangen. Deshalb hatte sie auch ihr Gerätedepot in der Turnhalle des Vereins in der Wilhelmstraße im heutigen Idar-Oberstein. Ihre wichtigste Ausstattung, die große vierrädrige Druckspritze mit Wenderohr, blieb bei dieser Aufnahme allerdings außer Betracht.

Nach zwei verheerenden Bränden in den Jahren 1872 und 1873 kam es im November 1873 zur Gründung der Freiwilligen Feuerwehr Melsungen. Die 59 Wehrmänner rüsteten sich auf eigene Kosten mit Kittel, Koppel, Helm und Mütze aus. In den ersten 25 Jahren ihres Bestehens mussten sie

31 Brände bekämpfen. Auf dem Foto von 1875 sieht man die Steiger mit Helm und Nackenleder, die Retter mit Helm ohne Nackenleder, die Wehrmänner mit Mütze bedienten die Spritze.

Ehren-Urkunde

für Herrn

Joh. Martin Kohl

für

Fünfzehnjährige Tätigkeit

bei der

Freiw. Feuerwehr Heppenheim.

In dankbarer Anerkennung gewidmet

von der

Stadt Heppenheim.

Heppenheim, 30. Oktober 1910.

Großh. Bürgermeisterei Heppenheim.

1910 wurde Johan Martin Kohl für 15 Jahre Mitgliedschaft bei der Freiwilligen Feuerwehr Heppenheim geehrt.

Die Feuerwehr von Alfeld (Leine) anlässlich des 25. Stiftungsfestes im Juli 1898.

Ehrenjungfrauen und Feuerwehr standen zur Begrüßung bereit, als der badische Großherzog Friedrich I. die Stadt Ettlingen im Juni 1895 besuchte.

Die Feuerwehr der Zeitzer Eisengießerei und Maschinenbau AG Zeitz, hier im Jahr 1902, war ein Jahr zuvor als Werkfeuerwehr gegründet worden.

In den im Verlaufe des 20. Jahrhunderts zu Saarlouis eingemeindeten Orten bestanden jeweils eigene Feuerwehren. Die Rodener Wehr wurde in den 1880er-Jahren neu organisiert. Hier ist sie um 1900 zu sehen.

Die Freiwillige Feuerwehr im pfälzischen Mutterstadt, hier um 1930, präsentiert sich hier mit ihren Mitgliedern.

Die örtlichen Gemeindefeuerwehren im sächsischen Freital schlossen sich 1921 zur Städtischen Feuerwehr-Kompagnie zusammen. Die Aufnahme von 1927 zeigt die 31 PS starke sogenannte Mobile Autospritze mit 800 Litern Löschleistung pro Minute.

Ein Hamburger Berufsfeuerwehrmann im Jahr 1924. Die Hamburger Berufsfeuerwehr wurde 1872 gegründet.

Die Männer der Freiwilligen Turnerfeuerwehr des Wiener Bezirks Simmering präsentieren sich um 1930 vor ihrem Depot auf dem Geiselberg.

Die Wasserwehr hatte in der österreichischen Zweiflüssestadt Steyr neben der Feuerwehr seit jeher größte Bedeutung, galt es doch, bei den zahlreichen Hochwässern Menschen und ihr Hab und Gut zu retten. Auf diesem Foto um 1912 ist eine Übung der Wasserwehr auf der Steyr zu sehen.

Die Sinziger St. Hubertus-Schützengesellschaft hatte sich 1712 primär als Feuerwehr gegründet. Aus ihr ging 1887 die Freiwillige Feuerwehr Sinzig hervor. 1926 bildete sich die Feuerwehr im Stadtteil Westum, hier abgebildet 1936 an ihrem Übungsturm.

Im Februar 1878 wurde die Freiwillige städtische Feuerwehr Recklinghausen gegründet. Die Hauptfeuerwache am Herzogwall wurde im November 1909 in Betrieb genommen. Hier eine Aufnahme von 1928.

Die Erlanger Feuerwehrchronik von 1924 meldete: „Durch die 1893 eingerichtete Weckerlinie können bei Bedarf 30 Feuerwehrmänner gerufen werden. Es ist daher nicht mehr nötig, durch Glockengeläute die ganze Stadt in Unruhe zu versetzen." Auf dem Bild aus diesem Jahr sind Männer der Erlanger Feuerwehr zu sehen.

Mitglieder der Erlanger Feuerwehr mit einem Mannschafts- und Rettungswagen, an den die ebenfalls abgebildete Magirus-Klein-Motorspritze angehängt werden konnte. Das Foto ist Anfang der 1930er-Jahre aufgenommen worden.

Anlässlich des 25. Jubiläums der Freiwilligen Feuerwehr Siegburg erschien 1906 diese Postkarte.

Die Freiwillige Feuerwehr im pfälzischen Mutterstadt.

Die Frauenabteilung der Freiwilligen Feuerwehr Mutterstadt um 1930.

Stolz zeigt sich die Feuerwehr Kierspe 1931 anlässlich ihres 25. Jubiläums.

Männer der Freiwilligen Feuerwehr Kierspe mit einem neuen Fahrzeug.

Die Mitglieder der Freiwilligen Feuerwehr Veitshöchheim präsentieren sich 1956 vor dem neuen Einsatzfahrzeug „Opel Blitz".

Kameraden der betrieblichen Freiwilligen Feuerwehr der „Spinne", des VEB Baumwollspinnerei und Zwirnerei Leinefelde (Eichsfeld), im September 1979. Vom ersten Tag der Produktion an gab es in jeder Schicht Löschgruppen, besetzt von Männern und Frauen.

Das älteste erhaltene Foto der Freiwilligen Feuerwehr des heute zu Hamburg gehörigen Eidelstedt zeigt die Mannschaft im Jahr 1889.

In den Jahren 1936/37 führte die Freiwillige Feuerwehr Glauchau blaue Uniformen ein, die der Militäruniform sehr ähnlich sahen. Mit schneidiger Uniform und zackiger Musik wurde auf dem Marktplatz gern die Bevölkerung beschallt.

Beim Festzug des Feuerwehrfestes 1960 aus Anlass des 100. Jubiläums der Freiwilligen Feuerwehr des zum württembergischen Sachsenheim gehörenden Ortes Ochsenbach fuhren die beiden Ehrenkommandanten mit historischen Uniformen in einem Karman Ghia vor.

Unter dem Motto „Bei des Feuers Macht sind wir die Ersten! Bei dem Fest auch mal die Letzten" zog die Feuerwehr des in der Nähe von Stuttgart gelegenen Großsachsenheim beim Festzug des Heimatfestes 1955 mit.

1986 feierte die Stadt Calbe an der Saale ihr 1050-jähriges Bestehen. Die Freiwillige Feuerwehr Calbe nahm zusammen mit Kameraden von Betriebsfeuerwehren am Festumzug teil.

Auch der Spielmannszug der Freiwilligen Feuerwehr Calbe trat beim Festumzug auf.

Die Ausrüstung der Feuerwehrleute

Seit dem Mittelalter konnten die Löschmannschaften nur unter Bildung einer Kette aus Löscheimern, die aus Leder oder (geteertem) Segeltuch gefertigt waren, sowie mit Leitern ein Feuer bekämpfen. Das Löschwasser wurde, sofern kein Teich oder Brunnen vor Ort vorhanden war, in großen Wasserfässern (Kopen) und später in Wasserwagen zur Brandstelle transportiert. Erst im 17. Jahrhundert kamen Handdruckspritzen zum Einsatz, zunächst mit Wenderohr und später mit einem Anschluss für Schläuche. Seit den 1780er-Jahren wurden die ersten Hanfschläuche produziert, welche die schweren Lederschläuche ersetzten. Heute besteht ein Feuerwehrschlauch aus Kunstfaser und ist von innen gummiert.

Seit der Industrialisierung konnten Handdruckspritzen in Serie hergestellt werden; sie wurden nicht mehr individuell von Handwerksbetrieben angefertigt. Die Handdruckspritze mit einer Pumpleistung von durchschnittlich 150 Litern in der Minute war bis in die 1930er-Jahre hinein das wichtigste Löschgerät im ländlichen Raum. Seit der zweiten Hälfte des 19. Jahrhunderts wurden von Pferden gezogene Dampfspritzen eingesetzt, die eine höhere Pumpleistung als die Handdruckspritzen hatten. Die Dampfspritzen konnten im Vergleich zu den Handdruckspritzen, für die große Spritzenmannschaften nötig waren, mit weniger Personal betrieben werden. Dampfspritzen waren teuer. Nur wohlhabende Kommunen hatten genug Geld, sich die modernen Löschgeräte anzuschaffen, die ständig befeuert werden mussten, damit sie in etwa zwölf Minuten nach der Alarmierung eingesetzt werden konnten.

links: 1861 wurde der Zimmermann Emil Gundermann (1831-1894) zum Kommandanten der Freiwilligen Turnerfeuerwehr Pößneck berufen. Aufgrund seiner hervorragenden Leistungen ernannte ihn die Landesregierung 1881 zum Landesbrandmeister für das Herzogtum Sachsen-Meiningen. Von seiner Heimatstadt erhielt er die Ehrenbürgerwürde.

Mit der Anschaffung einer Handdruckspritze, hier aus Melsungen, hatten Ledereimer zum Wassertransport an die Brandstelle ausgedient. Erheblich verbesserter Brandschutz gab der Bevölkerung ein verstärktes Gefühl der Sicherheit.

Handdruckspritze der Wildunger Feuerwehr.

Die Handdruckspritze der Feuerwehr Bürhausen-Rönsahl. Als bei einem Brand einmal kein Zugpferd bereitstand, rannten die Männer mit dem Wagen einfach zu Fuß los. Der Weg war aber so abschüssig, dass sie bei der richtigen Einmündung nicht anhalten konnten - und so rannte die Feuerwehr am Brandherd vorbei.

Anlässlich des Feuerwehr-Provinzial-Verbandstages 1933 in Alfeld (Leine) wurde dieses Gruppenfoto mit einer Handdruckspritze aufgenommen.

Im Rahmenprogramm zu den 1986 stattfindenden 1050-Jahr-Feierlichkeiten der Stadt Calbe (Saale) zeigte die Freiwillige Feuerwehr, wie vor 100 Jahren Brände gelöscht wurden.

Die Löbauer Freiwillige Feuerwehr zeigt 1954 beim Umzug zum Turmjubiläum historische Feuerlöschgeräte in zeitgenössischer Schutzkleidung.

Im Jahr 1880 bekam die Freiwillige Feuerwehr Tulln einen neuen Hydrophor (Zubringerspritze).

Der Mannschaftswagen der Feuerwehr von Ettlingen 1913.

Dieser Schlauchwagen wurde für einen Angebotskatalog der Feuerlöschgerätefabrik „Julius Müller" aus Döbeln um 1912 aufgenommen.

Eine erste ständig verfügbare Einheit der Feuerwehr im österreichischen Steyr wurde 1864 gegründet. Sie schloss 1876 mit der Stadt einen Vertrag über die von ihr durchzuführenden Löschdienste. Das Foto von 1914 zeigt Freiwillige bei einer Übung mit der neuesten Dampfspritze.

1931 fand anlässlich des 75-jährigen Bestehens der Erlanger Feuerwehr ein Festumzug statt. Die hier gezeigte Dampfspritze war seit 1906 in Betrieb. 1946 wurde sie verschrottet.

Die Spritzenmannschaft der Freiwilligen Feuerwehr von Bad Kreuznach mit einer Koebe-Lafettenspritze, 1926.

Die Freiwillige Feuerwehr Ochtrup bei einer Schauübung 1931 anlässlich ihres 50-jährigen Bestehens.

Wehrübung der Freiwilligen Feuerwehr Heppenheim am Kleinen Markt, um 1935. Bereits 1926 verfügte die Wehr über eine Magirus-Motorspritze.

Die Betriebsfeuerwehr der sogenannten Schichtfabrik, später Unilever, im Wiener Bezirk Simmering um 1925.

Bei einer Übung der Freiwilligen Turnerfeuerwehr Wien-Simmering wird der Tragkraftspritzen-Anhänger (TSA) zum Brandort gezogen.

Anlässlich des 80. Gründungsfestes der Betriebsfeuerwehr der Spinnfabrik auf dem Geiselberg in Simmering fand 1952 eine Brandschutzübung mit einer Motorspritze statt.

1878 wurde die Freiwillige Feuerwehr Alterlangen gegründet. Hier ist sie mit einem Tragkraft-Spritzen-Anhänger (TSA) nach 1950 bei einer Übung zu sehen.

Die Betriebsfeuerwehr Barkas in Frankenberg (Sachsen) musste im Training immer wieder ihre Einsatzbereitschaft beweisen und die Technik warten und pflegen. Zu sehen ist ein Tragkraftspritzen-Anhänger (TSA).

Auch Frauen waren Angehörige der Freiwilligen Feuerwehr Eisenberg und übten im Ausbildungskommando den Löschangriff. Hier ist das Kuppeln der Saugschläuche zu sehen.

Das Friedrichshagener Feuerwehrboot „Sturmvogel" rückt mit kompletter Mannschaft zum Wasserrettungsdienst aus. Auf dem Foto von 1929 tragen die Kameraden ihre neuen Helme, die sie nach der Eingemeindung Friedrichshagens nach Berlin erhalten haben.

Auch die Döbelner Feuerwehr konnte zur Wasserrettung ein Schlauchboot einsetzen.

Öffentliche Vorführung des Rauchhelms mit Wasserbrause der Fa. König in Altona (heute: Hamburg-Altona), um 1900.

Um 1900 wird in Hamburg ein Schlauchgerät öffentlich vorgeführt. Mit Hilfe eines Blasebalges wird dem Atemschutzträger Frischluft zugeführt. Ein weiterer Feuerwehrmann hält eine Sprechverbindung.

Ein Großbrand im Oktober 1926 legte die Produktion der Müller'schen Fabrik Freital für mehrere Wochen lahm. Im Bild die Löscharbeiten durch die modern ausgerüstete stadteigene Feuerwehr mit tragbaren und mechanischen Leitern.

Ein Feuerwehrmann aus Berlin-Friedrichshagen am Steuer eines Löschfahrzeuges in den 1930er-Jahren. Ab 1933 hießen die Berufsfeuerwehren in Preußen „Feuerlöschpolizei", bis sie 1938 mit dem Reichsfeuerlöschgesetz in „Feuerschutzpolizei" umbenannt wurden.

Viele Zeitzer verfolgten 1935 eine groß angelegte Feuerwehrübung auf dem Altmarkt der Stadt im heutigen Sachsen-Anhalt.

Die Führer der Feuerwehr von Meckenheim bei Bonn im Festzug zum 1. Mai 1937. Hinter ihnen marschieren Mitglieder der Freiwilligen Sanitätskolonnen.

Rettung aus höheren Stockwerken: eine Rutschpartie in die Arme der Feuerwehrkameraden bei einer Übung in Zeitz.

1910 nahm die Freiwillige Turner-Feuerwehr Oberstein (heute Teil von Idar-Oberstein) das erste Motorfahrzeug in Dienst, das bis in die 1930er-Jahre Stolz der inzwischen selbstständig gewordenen Obersteiner Feuerwehr war.

In Baden bei Wien befand sich dieser Mannschaftstransportwagen der Feuerwehr Baden II/Leesdorf. Das Foto stammt von 1920.

Diese Magirus-Leiter der Betriebsfeuerwehr der Firma Carl Zeiss in Jena wurde um 1920 aufgenommen.

Dieses Fahrzeug der Döbelner Feuerwehr stammte von der heimischen Feuerlöschgerätefabrik Julius Müller, damals bekannt für modernste Löschtechnik.

Die Drehleiter DL 25 der Freiwilligen Feuerwehr Döbeln.

1974 diente das seit 1968 geschlossene Soenneckenwerk in Bonn-Poppelsdorf der Poppelsdorfer Feuerwehr anlässlich ihres 100. Jubiläums für eine Löschübung mit einer Drehleiter.

Die Freiwillige Feuerwehr von Berlin-Friedrichshagen wurde im Oktober 1888 gegründet. Die Abbildung von 1929 zeigt Kameraden in ihrem Mercedes-Löschfahrzeug.

Die Kraftspritze der Freiwilligen Feuerwehr Erlangen, Modell „Bayern", war 1925 das erste automobile Löschfahrzeug der Erlanger Wehr.

Die Kameraden der Freiwilligen Feuerwehr Kühnhaide, einem Ortsteil der Stadt Zwönitz im Westerzgebirge, beim Heimatfest 1954. Das Fahrzeug, ein MAN, trägt noch das von der Besatzungsmacht vergebene Kennzeichen.

Die Bautzener Feuerwehr präsentiert in den 1930er-Jahren ihre technische Ausrüstung bei einem Festzug in der Kaiserstraße.

1928 hatte die städtische Feuerwehr von Bautzen diese zweite Automobilspritze (Mercedes-Benz mit Koebe-Aufbau) angeschafft.

Auf diesem Foto aus dem Jahr 1966 ist ein Feuerwehrmann aus Wentorf bei Hamburg neben einem Leichten Löschgruppenfahrzeug (LLG) der Marke Mercedes zu sehen. Im Hintergrund sieht man das alte Feuerwehrgerätehaus.

Die Freiwillige Feuerwehr von Bad Düben präsentiert stolz ihr Löschgruppenfahrzeug LF 25 mit Mercedes-Fahrgestell aus dem Jahr 1936. Dieses war 1945 bei Kriegsende von einer Wehrmachtsfeuerwehreinheit in Düben stehen gelassen, daraufhin von der ansässigen Feuerwehr übernommen und einsatzfähig gehalten worden.

Das Feuerwehrgerätehaus der Freiwilligen Feuerwehr Ochtrup wurde um 1955 am Westwall erbaut – abgebildet mit den Fahrzeugen der damaligen Zeit.

Vor dem alten Spritzenhaus der Feuerwehr Pasewalk steht ein Tanklöschfahrzeug TLF 15 aus DDR-Produktion.

Kameraden der Berufsfeuerwehr Hoyerswerda (Lausitz) im Jahr 1961 vor ihrem neu erworbenen Tanklöschfahrzeug TLF 15 auf Fahrgestell G 5.

Kameraden der VEB Baumwollspinnerei und Zwirnerei Leinefelde vor einem Löschgruppenfahrzeug LF 16 auf IFA W50 im September 1982.

Das Feuerwehrdepot Zingst (Darß) bot 1990, im Jahr der Wiedervereinigung, Platz für zwei Löschzüge: links Tanklöschfahrzeug TLF 16, rechts Löschgruppenfahrzeug LF 16, beide auf IFA-W50-Fahrgestellen.

Die Mannschaft der Alterlanger Feuerwehr um 2000: links Tragkraftspritzenfahrzeug (TSF) und rechts Löschgruppenfahrzeug LF 8.

Alltag bei der Feuerwehr

Typisch für den Alltag der Feuerwehrleute sind natürlich Feuerwehreinsätze. Aber auch Lehrgänge, Übungen sowie die Betreuung und Schulung des Nachwuchses machen die Arbeit der Feuerwehr aus. Hinzu kommt viel Sport. Die Fotos in diesem Kapitel dokumentieren anschaulich die verschiedenen Einsatzarten und das Aufgabenspektrum der Feuerwehr, wobei jedoch Großbrände und Katastrophen ausgespart bleiben, die dann im nächsten Kapitel beleuchtet werden. Auf den Fotos in diesem Kapitel sind ferner Ernstfallübungen und der Feuerwehrnachwuchs zu sehen.

Das Löschen eines Schadfeuers bzw. der abwehrende Brandschutz mit spezieller Ausrüstung ist die älteste Aufgabe der Feuerwehr. Nach dem Zweiten Weltkrieg kamen zur Brandbekämpfung viele technische Hilfeleistungen hinzu, z.B. patientengerechte Rettung, Bergung eines Unfallfahrzeugs, Tierrettung, Beseitigung von Sturmschäden oder Gefahrguteinsätze. Die Aufgaben der Feuerwehr verschoben sich.

In Deutschland sind die Ausbildungsinhalte für Freiwillige Feuerwehren, Berufsfeuerwehren sowie Betriebs- und Werkfeuerwehren inhaltlich gleich, jedoch gibt es manchmal für Berufsfeuerwehren länderspezifische Vorgaben. Eine Grundvoraussetzung ist körperliche Fitness, die in der Regel durch ein ärztliches Attest nachgewiesen wird. Die Ausbildung findet in Form von Standortausbildung, Lehrgängen sowie Seminaren mit hohen praktischen Anteilen statt. Während die Grundausbildung zumeist bei der lokalen Feuerwehr selbst durchgeführt wird, erfolgt die Weiter- und Spezialausbildung in einer Landesfeuerwehrschule. So können Feuerwehrmannanwärter auch mit Gerä-

links: Die Feuerwehr von Zeitz bei einer Übung mit mechanischen Leitern.

Vor der Hamburger Hauptfeuerwache hat um 1900 ein Feuerwehrmann mit geschulterter Axt als Posten Aufstellung genommen.

1926 kam die Feuerwehr Hamburg-Bramfeld beim Brand eines Hofgebäudes zum Einsatz.

Viele Schaulustige beobachteten, wie die Bramfelder Feuerwehr den Brand bekämpfte.

Die Bekämpfung des Brandes eines Fachwerkhauses in Sachsenheim 1953 war ein Schauspiel, das sich niemand entgehen lassen wollte.

Ende 1960 bekämpfte die Feuerwehr Wuppertal einen ausgedehnten Brand in einer alten Scheune in Wieden.

Im Hintergrund sind beim Einsatz der Wuppertaler Feuerwehr die Schaulustigen zu sehen.

Mit Technik und Personal hilft die Freiwillige Feuerwehr im thüringischen Eisenberg 1965 beim Aufstellen von Lichtmasten.

Bei einer Übung der Freiwilligen Turnerfeuerwehr Wien-Simmering wird mit der Tragkraftspritze (TS) das Löschwasser angesaugt.

Ein kräftiges Gewitter setzte im Juni 1953 die tiefer gelegenen Teile des Glanzstoffwerks Kelsterbach unter Wasser. Die Werkfeuerwehr hat alle Hände voll zu tun, während die Lehrlinge teils gebannt, teils belustigt zuschauen.

Oft musste die Sömmerdaer Feuerwehr ausrücken, um vom Sturm gefällte Bäume von der Straße zu entfernen, so wie hier Mitte der 1960er-Jahre.

Traditionell war es Aufgabe der Freiwilligen Feuerwehr Sömmerda, am Vortag des 1. Mai den mit bunten Bändern oder einem grünen Kranz geschmückten Maibaum auf dem Marktplatz aufzustellen, so wie hier 1963.

Im Depot der Betriebsfeuerwehr der Tuchfabrik Paasche AG in Burg bei Magdeburg ist um 1960 ein Tragkraftspritzenanhänger (TSA) zu sehen. Bereits Ende der 1920er-Jahre ist in der Tack-Schuhfabrik Burg eine Betriebsfeuerwehr gegründet worden.

Die Freiwillige Feuerwehr Geesthacht im November 1964 beim Brand einer Scheune.

Nur noch ein Schuttberg blieb nach dem Einsturz des Bürgerturms in Laubach (Landkreis Gießen) von diesem Wahrzeichen übrig. Die Feuerwehr leistet Aufräumarbeiten.

Die Feuerwehr Döbeln sichert Anfang der 1970er-Jahre den Abbruch des städtischen Gasometers.

„Freiwillige" Arbeitseinsätze waren in der DDR an der Tagesordnung. Bei diesem „Mach mit!"-Einsatz im April 1971 bauen Kameraden der Freiwilligen Feuerwehr Sömmerda in Eigeninitiative eine Garage für die Feuerlöschfahrzeuge.

Die Feuerwehr Trossingen sichert 1996 die Sprengung des Schornsteins der Hohner AG, des bisherigen Wahrzeichens der Harmonikaindustrie.

Aus einem umgekippten Tankwagen bei der Autobahnabfahrt Hamburg-Stillhorn wird 1972 Heizöl umgefüllt.

Ein überschlagener Pkw wird 1974 auf der Holstenstraße/Kieler Straße von Hamburger Berufsfeuerwehrmännern von der Fahrbahn gezogen.

Rettung einer verschütteten Person durch die Feuerwehr Hamburg, 1952.

Ein undichtes Fass mit Chemikalien wird 1973 von der Feuerwehr aus einem Güterwaggon in Hamburg geborgen.

Anlässlich ihres 50. Jubiläums 1923 führt die Feuerwehr von Alfeld (Leine) auf dem Marktplatz ihre Spritzen vor.

Die Freiwillige Feuerwehr von Wolfpassing im östlichen Weinviertel (Österreich) führt um 1925 ihr Können vor.

Die Steigerabteilung der Feuerwehr von Bad Münstereifel in den 1920er-Jahren am Steigerturm bei einer Hakenleiterübung.

Öffentliche Übung der Freiwilligen Feuerwehr Löbau mit Rutschtuch und zwei mechanischen Leitern.

Die Freiwillige Turnerfeuerwehr Wien-Simmering übt die Brandbekämpfung.

Die Cottbusser Feuerwehr übt um 1930 am Stadttheater die Rettung einer hilflosen Person über eine Magirus-Drehleiter.

In den 1920er-Jahren hält die Döbelner Feuerwehr auf dem Steigerhausplatz vor der damaligen Industriekulisse eine Technikschau ab.

Auf dem Schweinfurter Roßmarkt findet anlässlich des 16. Unterfränkischen Kreisfeuerwehrtages im Juli 1899 eine Feuerwehrübung statt.

Um 1960 findet in Hohenaslach, einem Stadtteil von Sachsenheim im Landkreis Ludwigsburg, eine Brandschutzübung statt.

Feuerwehrübung 1957 in Markt Höchberg (Unterfranken). Das Wasser wurde aus einem Weiher mit Hilfe einer Tragkraftspritze (TS) zum Löschplatz gepumpt.

Bei einer Übung auf dem Gelände der Elbewerft in Boizenburg stellt die Betriebsfeuerwehr Können und Schnelligkeit unter Beweis.

Die Mitglieder der Betriebsfeuerwehr des VEB Burger Knäckebrotfabrik übten 1979 auf der gegenüberliegenden Seite des Elbe-Havel-Kanals.

Die Alterlanger Stadtteilfeuerwehr übt 1969 einen Einsatz.

Auch Wettkämpfe gehören vielerorts zum Feuerwehralltag, wie hier in Döbeln nach 1945.

Zur ehrenamtlich tätigen Betriebsfeuerwehr des Niederschachtofenwerkes Calbe (Saale) gehörte seit 1973 auch eine Frauen-Löschgruppe. Sie wird hier eingewiesen in die Funktion eines Kohlensäure-Löschanhängers. Im Hintergrund ein Tanklöschfahrzeug TLF 16 auf IFA-W50-Fahrgestell.

1928 baute der Bautzener Wäschereibesitzer und Feuerwehrmann Hermann Porsche für seinen Enkel eine Handdruckspritze. „Porsches Kinderfeuerwehr" übte sonntags unter großväterlicher Leitung.

Kurz vor Kriegsausbruch 1914 bekam die Feuerwehr Ochtrup 70 neue Uniformröcke, die komplett aus der Gemeindekasse bezahlt wurden. Hier ein Gruppenbild der Jugendfeuerwehr.

Vor dem Kindergarten der Nationalsozialistischen Volkswohlfahrt (N. S. V.) von Seefeld im westlichen Weinviertel (Österreich) entstand dieses Bild von Mitgliedern der Jugendfeuerwehr.

Bei der Brandschutzwoche 1964 in Borna tritt auch die Jugendfeuerwehr auf.

Sömmerdas Stadtbrandinspektor Fritz Vollrath stellt im Juli 1988 den Ferienkindern der Station „Junge Techniker und Naturforscher" in Weißensee einen Hitzeschutzanzug vor.

Mit elf Jungen nahm 1964 eine Jugendfeuerwehr in Nienburg ihre Arbeit auf. Später kamen auch Mädchen hinzu. Das Foto stammt von 1973.

Die Kameraden der Jugendfeuerwehr von Wieck (Darß) nahmen 1971 am Kreisausscheid der Feuerwehren in Barth teil.

Die Kameraden der Freiwilligen Feuerwehr ziehen mit ihren Fahrzeugen und Geräten an den Honoratioren der sächsischen Stadt Döbeln vorbei. Dieses Ritual wiederholte sich in den 1950er-Jahren immer am 1. Mai, dem Tag der Werktätigen, und am 7. Oktober, dem Tag der Republik.

Brandschutz galt auch im „Dritten Reich" als wichtige Bürgerpflicht. Dieses Foto ist Mitte der 1930er-Jahre in Zeitz aufgenommen worden.

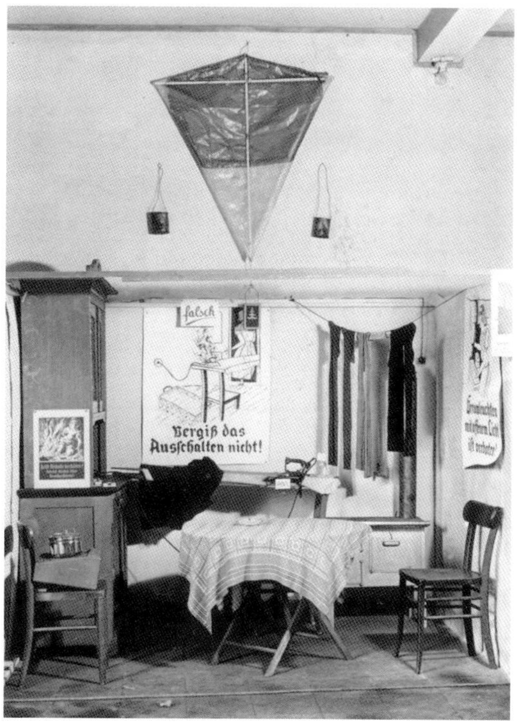

Brandschutz im eigenen Heim demonstrierte die Fensterdekoration der Firma Banniza zur Feuerschutzausstellung der Freiwilligen Feuerwehr Recklinghausen im Mai 1953.

Großbrände und Katastrophen

Seitdem der Mensch auf der Erde lebt, wird die Menschheit ständig von Feuer und Naturkatastrophen bedroht. Menschen, Tieren und Sachwerten drohen bei Unwettern, Erdbeben und Bränden große Gefahren beispielsweise durch Überschwemmungen, Einsturz, Explosionen und Atemgifte. Die in diesem Kapitel abgedruckten Fotos dokumentieren die Einsätze der Feuerwehr im Zweiten Weltkrieg, bei verschiedenen Großfeuern (Fabriken, Raffinerien und Theater) sowie bei Waldbränden, Hochwassern und Schneekatastrophen.

Eine der größten Herausforderungen ihrer Geschichte erlebte die Feuerwehr während des Zweiten Weltkrieges. Große Teile der deutschen Städte wurden zwischen 1940 und 1945 durch die Spreng- und Brandbomben der Alliierten zerstört. Aus Großbränden konnten sich Flächenbrände oder sogar ein Feuersturm wie in Hamburg am 27./28. Juli 1943 während der „Operation Gomorrha" entwickeln. Die Feuerwehren, die zum Luftschutz gehörten, versuchten, so viele Menschen, Tiere und Gebäude wie möglich zu retten. Häufig konnten sie jedoch gegen das Flammeninferno nichts ausrichten.

Großbrände zu Friedenszeiten haben die verschiedensten Ursachen. Brände in Fabriken und Raffinerien werden häufig durch die Nichteinhaltung der Brandschutzbestimmungen in den Bereichen Produktion und Lagerung ausgelöst. Bei einem Raffineriebrand werden Flüssigkeiten mit Flammpunkten unter 21 Grad (z.B. Benzin und Methanol) von der Feuerwehr mit Schaum gelöscht und Mineralöltanks mit besonders viel Wasser gekühlt.

Ursache für die verhängnisvollen Theaterbrände, die den Tod vieler Menschen zur Folge hatten, waren in fast allen Fällen Bühnenbrände, die während der Vorstellung durch unvorsichtiges Hantieren mit Feuer zum Ausbruch

links: 1957 findet am Alzeyer Gaswerk eine Brandschutzübung statt. Hier ist das Kühlen des Gastanks zu sehen.

kamen. Alle anderen Theaterbrände, die außerhalb einer Vorstellung im Zuschauerraum oder in den Nebenräumen des Theaters entstanden, führten nur in Ausnahmefällen zum Verlust von Menschenleben. Damit im Gefahrenfall die Flammen und der Rauch des Bühnenraumes nicht in den Zuschauerraum gelangen, ist in Deutschland bei einem Volltheater seit 1889 ein eiserner Vorhang vorgeschrieben, der bei den modernen Ausführungen eine Schließgeschwindigkeit von etwa 20 Sekunden hat. Ferner darf in den Theatern kein offenes Licht oder Feuer mehr auf der Bühne verwendet werden. Hinzu kommen Kleinlöschgeräte, eine Sprinkleranlage und eine Notbeleuchtung, die eine Panik bei der geordneten Räumung des Zuschauerraumes verhindern soll. Mindestens ein Feuerwehrmann sorgt als Brandwache während der Aufführung für die Sicherheit der Zuschauer und Darsteller. In Deutschlands Theatern sind seit der Verbesserung des vorbeugenden Brandschutzes kaum noch Brandkatastrophen aufgetreten.

Waldbrände, die besonders Menschen und Tiere bedrohen, entstehen während einer Trockenperiode fast immer vorsätzlich (z.B. Brandrodung oder Brandstiftung) oder durch Unachtsamkeit (z.B. „wilde" Lagerfeuer oder weggeworfene Zigarettenkippen) und nur selten durch Blitzschlag. Werden Waldbrände nicht sofort bekämpft, können sie sich schnell zu Flächenbränden ausweiten. Ein Waldbrand durchläuft in der Regel drei Phasen. Er beginnt als Lauffeuer am Boden, das auf die Baumwipfel überspringen kann und dann als Wipfelfeuer zur schnellen Brandausbreitung führt. Wechselt ein Wipfelfeuer zu einem Totalbrand, ist eine Brandbekämpfung fast nicht mehr möglich. Feuerwehrleute bekämpfen einen Waldbrand mit sehr viel Wasser, Feuerpatschen und mit Brandschneisen. Unterstützt werden sie durch Hubschrauber, die Löschwasser aus sehr großen Behältern über den Brandherden abwerfen.

Bei Flut- und Schneekatastrophen helfen die Feuerwehren insbesondere bei der Evakuierung der eingeschlossenen Menschen und Tiere.

Sehr stark erhöhte Wasserpegelstände führen an der Küste oder im Binnenland zu Überflutungen, weil das Wasser nicht durch geeignete Schutzmaßnahmen wie Deiche vom Kulturland zurückgehalten werden kann oder keine natürlichen Überflutungsflächen mehr vorhanden sind. Hohe Sachschäden an Gebäuden und Infrastruktur, Ernteschäden und häufig auch Todesopfer sind die Folge. Zu unterscheiden sind zwei Arten von Fluten:

Eine Sturmflut an der Küste tritt innerhalb von wenigen Stunden auf. Ausgelöst wird sie durch Starkwinde, die Wassermassen an die Küste pressen. Die Gesamtdauer einer Sturmflut ist abhängig vom Abflussverhalten des Hochwassers an der Küste und an den Unterläufen der Flüsse. Eine andere Art von

Flut wird durch Starkregen ausgelöst. Er führt zu Hochwasser in einem Flusssystem im Binnenland, wobei die Flutwelle häufig mehrere Tage vom Oberlauf bis zum Unterlauf benötigt.

Ungewöhnlich starker Schneefall in sehr kurzer Zeit, der mit Schneeverwehungen einhergehen kann, wird abhängig von der Schneemenge entweder als Schneeunwetter oder Schneekatastrophe bezeichnet. Durch die großen Schneemengen kommt es in der Regel zu starken Verkehrsbeeinträchtigungen, zu Stromausfällen durch eingeknickte Strommasten, zu Baumschäden aufgrund von Schneebruch und zu Gebäudeschäden durch eingestürzte Dächer aufgrund der hohen Schneelast. Bei Tauwetter rutschen dann Schneebretter als Dachlawinen von den Dächern, sofern keine ausreichend hohen Schneefanggitter vorhanden sind.

In Deutschland ist der friedensmäßige Katastrophenschutz Aufgabe der Länder. Lediglich der Katastrophenschutz im Verteidigungsfall fällt in die Kompetenz des Bundes. Der Katastrophenschutz umfasst alle vorbeugenden und abwehrenden Maßnahmen, die verhindern sollen, dass sich öffentliche Notstände zu Katastrophen auswachsen. Alarm- und Einsatzpläne liegen für potenzielle Katastrophenverursachungsobjekte vor. Bei eingetretenen Katastrophen sorgt der Katastrophenschutz dafür, dass die Gefahren abgewehrt, die Schäden beseitigt und der ursprüngliche Zustand so weit wie möglich wiederhergestellt wird. Die Feuerwehren (Freiwillige Feuerwehr und Berufsfeuerwehr) sind der stärkste Pfeiler innerhalb des Katastrophenschutzes. In der Regel treffen im Katastrophenfall die örtlichen Feuerwehren und die Wehren aus der Nachbarschaft (Nahhilfe innerhalb einer 15-Kilometer-Zone) an der Schadensstelle zuerst ein, um Hilfe zu leisten. Von der Katastropheneinsatzleitung können bei Bedarf weitere Einsatzkräfte aus größeren Entfernungen angefordert werden. Im Katastrophengebiet, das die Schadensfläche und die unmittelbar gefährdete Fläche umfasst, nimmt die Feuerwehr vielfältige Aufgaben wahr: Rettung von Menschen und Tieren aus Feuer-, Gas- und Wassergefahr sowie Mitwirkung an der Beseitigung dieser Gefahren, Bergung und Transport von Verletzten, Bekämpfung von Bränden, Löschwasserförderung über lange Strecken, Beteiligung an der Verteidigung von Schutzanlagen (z.B. Deiche) sowie Hilfe bei der Räumung des Katastrophengebietes von Menschen, Tieren und Sachwerten.

Parallel zur militärischen Aufrüstung und Kriegsvorbereitung wurde seit 1933 ein intensiver Ausbau der Luftschutzeinrichtungen betrieben. 1935 waren bereits fünf Millionen Deutsche im Reichsluftschutzbund organisiert. Das Foto zeigt einen der regelmäßigen Großappelle der Vereinigten Kugellagerfabriken AG in Schweinfurt, der unter dem Motto „Luftschutz ist Selbstschutz" im April 1936 stattfand.

Bei einer Luftschutzübung 1935 auf dem Neumarkt in Zeitz werden Tränengasbomben entzündet, um möglichst realitätsnah den Umgang mit dem „Ernstfall" zu üben.

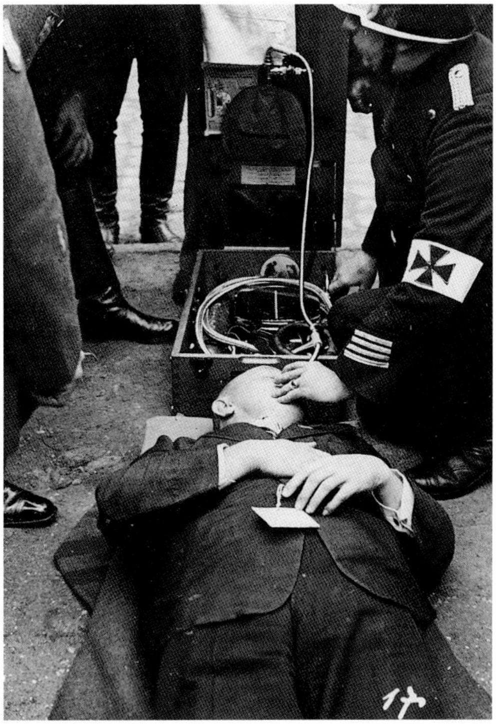

Bei der Luftschutzübung 1935 in Zeitz wird auch ein Sauerstoffapparat praktisch erprobt.

Im Zweiten Weltkrieg konnte die Feuerwehr gegen die Zerstörungen des Bombenkrieges meist nur wenig ausrichten. Hier wird nach einem Bombenangriff die Benzinraffinerie im österreichischen Tulln gelöscht.

Wie in vielen deutschen Städten brannte auch in Düsseldorf-Benrath im November 1938 die Synagoge. Die Brandstiftung wurde am Morgen nach der sogenannten Reichspogromnacht, am 10. November, verübt. Das Gebäude in der Friedrichstraße brannte bis auf die Grundmauern nieder, weil die Feuerwehr den Befehl hatte, lediglich die benachbarten Häuser zu schützen.

In den Mittagsstunden des 29. Januar 1931 zogen Rauchschwaden aus nordöstlicher Richtung über Greifswald. Doch nach gut anderthalb Stunden hatten die Löschtrupps das Feuer in einem Holzlagerschuppen der Firma Libner & Co erfolgreich bekämpft.

Ein Großfeuer in der Greizer Brückenstraße richtete 1898 schwere Zerstörungen an.

Ein spektakulärer Brand fand im Jahr 1919 in der alten Umladehalle von Bebra statt.

Nach einem Großbrand fand 1914 bei der Tuchfabrik Siegel & Schütze im thüringischen Pößneck eine Feuerwehrübung statt.

Krause brennt! Im Januar 1950 fällt in Lüdenscheid das stadtbekannte Textilhaus einem Großbrand zum Opfer. Ein Polizist hat Schaulustige auf Distanz zu halten.

Im Oktober 1955 brannte die Zellulosefabrik in Alfeld (Leine).

Im Dezember 1966 ging in Geesthacht der Saal des Traditionslokals „Geesthachter Hof“ in Flammen auf. Zur damaligen Zeit wohnten überwiegend Gastarbeiter in dem Hotel. Im Zuge der Aufräumarbeiten wurde der beim Brand beschädigte markante Turm abgerissen.

In der Müllgrube an der Müggenburgerstraße in Hamburg-Veddel wird 1966 ein Brand bekämpft.

Am 19. April 1964 kam es gegen 2.00 Uhr zu einem Großbrand im VEB Fleischkombinat Eisenberg. Hier sind Kräfte der Freiwilligen Feuerwehr Eisenberg auf dem durchgebrannten Dachstuhl zu sehen.

Am 13. Februar 1968 brannte es bei der Shell AG in Godorf. Feuerwehrkräfte aus dem ganzen Umland unter Leitung der Berufsfeuerwehr Köln waren hier im Einsatz.

Zum Zeitpunkt des Brandes bei der Shell AG in Godorf 1968 gab es im Landkreis Köln 500 freiwillige Feuerwehrleute und 38 Einsatz-Fahrzeuge. Neben der eigentlichen Brandbekämpfung galt es, die Anlagen der Raffinerie zu kühlen.

Die Spedition Helmrath in Bad Kreuznach wurde im Juni 1968 durch einen Brandanschlag schwer beschädigt. Kurze Zeit später konnte der Brandstifter festgenommen werden.

Im Mai 1975 brannte das Gebäude der Thalmann'schen Tuchfabrik in Pößneck, das zur DDR-Zeit einem Großhandel für Haushaltswaren als Domizil gedient hatte, komplett ab.

Die Freiwillige Feuerwehr Döbeln beim Löschen der brennenden Isolierung am Gasometer.

Anfang April 1978 stand das ehemalige Kutscherhaus der als Altenheim genutzten Villa „Lichtenfels" in Wentorf bei Hamburg in Flammen. In dem Gebäude waren Heu und Stroh gelagert und es brannte wie Zunder. Da konnten auch die Männer der Freiwilligen Feuerwehr Wentorf und ihre Kollegen aus dem Umland nicht mehr viel retten.

Den Brand eines Lagerschuppens, in dem die Stadtverwaltung von Bad Kreuznach Baumaterialien und Werkzeuge unterbrachte, hatte die Feuerwehr im November 1959 schnell unter Kontrolle.

Bei der Firma Elektra in Bad Kreuznach brannte es im November 1970. Das Foto zeigt die Kraftfahrdrehleiter DL 26, deren obere Holzsprossen Feuer fingen.

Am 24. Oktober 1911 brach im Theater von Döbeln nach einer Vorstellung ein Brand aus, der die Spielstätte zerstörte. Die Feuerwehr konnte nur noch absichern und Aufräumarbeiten übernehmen.

Im August 1982 fiel das Kino in Schleiden (Eifel) einer Brandstiftung zum Opfer.

Zwei Feuerwehrmänner machen gute Miene zum bösen Spiel, als sie nach dem Ende des Löscheinsatzes an einem Schleidener Kino 1982 noch zu solch humorvollen Schlussfolgerungen fähig sind.

1968 löscht die Feuerwehr von Erkrath bei Düsseldorf einen Waldbrand.

Nicht nur bei der Brandbekämpfung, sondern auch in anderen Notsituationen ist die Feuerwehr zur Stelle, wie hier in Eisenberg bei einem Hochwasser auf der Elster.

Nach tagelangem schwerem Regen brach am 10. Juli 1932 der Damm der Rauns. Die Feuerwehr von Leutkirch im Allgäu ist mit ihrem Magirus-Löschfahrzeug sofort zur Stelle.

Die Berufsfeuerwehr birgt 1979 mehrere Autos beim Hochwasser der Elbe in Hamburg.

Auf dem Damm am westlichen Ufer des Flusses Mulde zwischen dem Altenhof und dem Bad Dübener Stadtteil Schnaditz stehend, schauen drei Angehörige der Freiwilligen Feuerwehr Schnaditz 1954 resignierend auf die immer weiter steigenden Fluten.

Eine Naturkatastrophe von noch nie auf dem Darß erlebtem Ausmaß begann am Silvesterabend 1978. Die Halbinsel an der Ostseeküste war bald durch meterhohe Schneeverwehungen von der Außenwelt abgeschnitten. Erst nach über einer Woche gelang es den Kameraden der Wiecker Feuerwehr, die letzten beiden Bliesenrader Familien zu erreichen und freizuschaufeln.

Ausgewählte Literatur

Manfred Gihl: **Geschichte des deutschen Feuerwehrfahrzeugbaus**, 2 Bände, Stuttgart 1998 und 2000.

Wolfgang Hornung: **Aus der Geschichte des Feuerwehrwesens**, Arnegg 1977.

Wolfgang Jendsch: **Die großen Feuerwehreinsätze: Brände, Naturkatastrophen und Verkehrsunfälle**, München 2009.

Hans G. Kernmayr (Hrsg.): **Der goldene Helm. Werden, Wachsen und Wirken der Feuerwehr**, 2. Auflage, Landsberg am Lech 1987.

Hans Georg Prager: **Florian 14: Achter Alarm - Das Buch der Feuerwehr**, Gütersloh 1965.

Ulrich Röfer: **Wasser marsch! Streifzüge durch die Geschichte des Feuerlöschwesens**, Halle an der Saale 2001.

Jens Rönnfeldt (Hrsg.): **Feuerwehr-Handbuch der Organisation, Technik und Ausbildung**, Stuttgart 2003.

Rolf Schamberger: **Deutsches Feuerwehr-Museum. Führer durch die Ausstellung**, Fulda 1997.

Thomas Wolf: **Führer durch das Deutsche Feuerwehr-Museum**, Fulda, Melsungen 1990.

Bernd Wucke: **Gebrochen ist des Feuers Macht. Ein Abriss zur Geschichte der Feuerwehr**, Erlensee 1995.

Abbildungsnachweis

Gerhard Kraus
Alfeld (Leine)
Die Stadt im Aringo
978-3-89702-089-4
Seite 21 o., 41 u., 87 o., 111

Wulf Kleinknecht
Alzey. Fotografische Geschichte einer rheinhessischen Kleinstadt
978-3-89702-055-9
Seite 102

Hans-Joachim Böttcher
Bad Düben
978-3-89702-814-2
Seite 64 u., 122 o.

Steffen Kaul
Bad Kreuznach
978-3-89702-201-0
Seite 46 o., 115 o., 117

Helmut Cloot und Harald Bongart
Bad Münstereifel
978-3-89702-611-7
Seite 88

Thomas Seibel
Bad Wildungen. Wachsen und Wandel
978-3-89702-165-5
Seite 40 u.

Hildegard Hnatek
So war's einmal in Baden bei Wien
978-3-86680-154-7
Seite 57 u.

Eberhard Schmitt
Bautzen
978-3-89702-059-7
Seite 63 o.

Eberhard Schmitt
Bautzen. Geschichte in Bildern
978-3-89702-338-3
Seite 63 u., 96

Holger Rainer Stunz
Eisenbahnstadt Bebra.
Eine Geschichte in Bildern
978-3-89702-647-6
Seite 109 u.

Petra Geike
Berlin-Friedrichshagen
978-3-89702-595-0
Seite 51 o., 54, 60/61

Rudolf Wulff
Boizenburg (Elbe) 1949–1989
978-3-89702-651-3
Seite 93 o.

Wolfgang Alt
Bonn-Poppelsdorf
978-3-89702-880-7
Seite 59 u.

Thomas Bergner
Borna. Stadt der Braunkohle
978-3-89702-478-6
Seite 98 o.

Eris Valentowicz
Bünde zwischen 1900 und 1960
978-3-89702-929-3
Seite 76 u.

Paul Nüchterlein
Burger Vereinsleben
978-3-86680-130-1
Seite 81 o., 93 u.

Uwe Klamm
Calbe. Zwischen Bolle und Eisen
978-3-89702-623-0
Seite 35, 42 o., 95

Otto Haueis, Wolfgang Wimmer, Ute Leonhardt
Carl Zeiss in Jena 1846-1946
978-3-89702-772-5
Seite 58 o. (Carl Zeiss Archiv)

Steffen Krestin
Cottbus
978-3-89702-420-5
Seite 16 o., 90

Doris Pagel, Jörg Pagel, Holger Becker
Der Darß
978-3-89702-952-1
Seite 100 o., 122 u.

Dietmar Bensch
Döbeln 1900 bis 1960
978-3-89702-735-0
hinterer Umschlag unten, 44 u., 51 u., 58 u., 59 o., 82 u., 91 o., 94 u., 100 u., 116 o., 118 o.

Peter Bullemer, Wolfgang D. Sauer
Düsseldorf-Benrath
978-3-89702-737-4
Seite 108 o. (Heimatarchiv Düsseldorf-Benrath)

Ingo Lippert
Eisenberg
978-3-89702-445-8
Seite 50 u., 78 o., 113 u., 120 u.

Hanna Eggerath
Erkrath. Unterbach, Unterfeldhaus, Hochdahl, Neandertal
978-3-89702-038-2120
Seite 120 o.

Klaus Fröba
Erlangen
978-3-89702-673-5
Seite 62 o., 67 u.

Dorothee Le Maire
Ettlingen
978-3-89702-259-1
Seite 21 u., 44 o.

Günter Großer
Frankenberg
978-3-89702-536-3
Seite 50 o.

Juliane Puls
Freital. Auf dem Weg zur Stadt
978-3-89702-227-0
Seite 23 u. (Städt. Sammlungen Freital)

Juliane Puls
Freital. Gegründet auf Kohle und Stahl
978-3-89702-659-9
Seite 53 u. (Städt. Sammlungen Freital)

William Boehart
Geesthacht. Ein Fotoalbum 1950-1975
978-3-89702-376-5
Seite 81 u., 112

Werner Haueisen
Glauchau im 20. Jahrhundert
978-3-89702-352-9
Seite 33 o.

Uwe Niebergall
Alltagsleben in Greifswald
978-3-89702-462-5
Seite 108 u.

Winfried Arenhövel
Greiz
978-3-89702-263-8
Seite 109 o.

Ulrike Hoppe
Hamburg-Bramfeld
978-3-89702-470-0
Seite 73 (Stadtteilarchiv Bramfeld)

Peter Jäger
Hamburg-Eidelstedt
978-3-86680-155-4
Seite 32

Lucia Frank
Heppenheimer Vereinsgeschichten
978-3-86680-191-2
Seite 2, 20, 47 o. (alle Museum für Stadtgeschichte und Volkskunde)

Elke Roschmann
Hoyerswerda
978-3-89702-574-5
Seite 66 o.

Klaus-Eberhard Wild
Idar-Oberstein
978-3-89702-061-0
Seite 17 u., 57 o.

Ulrich Eisenbach
Kelsterbach a.M. und die „Glanzstoff"
978-3-89702-449-6
Seite 79

Ulrich Finke
Kierspe
978-3-89702-485-4
Seite 30, 41 o.

Gabriele Scholz
Impressionen aus dem Landkreis Köln
978-3-89702-767-1
Seite 114

Dirk Oßwald
Laubach
978-3-89702-065-8
Seite 82 o.

Hans Krug
Leinefelde
978-3-89702-564-6
Seite 31 u., 66 u.

Nicola Siegloch
Leutkirch im Allgäu. Stadt und Land
978-3-89702-696-4
Seite 121 o. (Stadtarchiv Leutkirch)

Rudolf Drescher
Löbau. Bilder einer Stadt
978-3-89702-606-3
Seite 42 u.

Rudolf Drescher
Löbau. Die Stadt am Berge
978-3-89702-125-9
Seite 89 o.

Helmut Hüffmann
Lübbecke und das Lübbecker Land
978-3-89702-563-9
Seite 77

Wolfgang Schumacher
Leben in Lüdenscheid
978-3-89702-590-5
Seite 110 u. (Sammlung Schumacher, Lüdenscheid)

Helmut Siedler
Markt Höchberg. 100 Jahre Ortsgeschichte
978-3-89702-294-2
Seite 92 u.

Hubert Spilles
Meckenheim. Alte Bilder erzählen
978-3-89702-380-2
Seite 55 u.

Otto Wiegand
Melsungen. Historische Fachwerkstadt am Fulda-Fluß
978-3-89702-032-0
Seite 18/19, 40 o.

Erwin Renner
Mutterstadt
978-3-89702-256-0
Seite 23 o., 29

Hans-Otto Schneegluth
Nienburg
978-3-89702-555-4
Seite 99

Jürgen Rempe
Ochtrup
978-3-89702-077-1
Archiv Jürgen Rempe, Ochtrup
Seite 46 u., 65 o.

Richard Edl
Östliches Weinviertel. Alltag im Dorf
978-3-89702-549-3
Seite 87 u.

Wolfgang Brose
Pasewalk
978-3-89702-528-8
Seite 65 u.

Hans Walter Enkelmann
Pößneck. Alte Bilder erzählen
978-3-89702-862-3
Seite 36, 110 o., 115 u.

Olaf Manke
Arbeit und Leben in Recklinghausen
978-3-89702-922-4
Seite 27 o., 101 u.

Helmut Grein
Saarlouis
978-3-89702-748-0
Seite 22 u.

Claudia Papp
Sachsenheim
978-3-89702-942-2
Seite 33 u., 34. 74, 92 o.

Franz Albert Heinen
Schleiden
978-3-89702-924-8
Seite 118 u., 119

Uwe Müller
Schweinfurt
978-3-89702-020-7
Seite 91 u., 106 o. (alle Stadtarchiv Schweinfurt, Bildsammlung)

Jens Kröger
Siegburg
978-3-89702-298-0
Seite 28 u.

Petra Leban
Simmering. Wiens 11. Bezirk
978-3-89702-395-6
Seite 25 o., 47 u., 48, 78 u., 89 u.